Jacqueline
Naylah
Eu te Benzo
O legado de minhas ancestrais

No QR Code localizado na contracapa deste livro você poderá acessar a plataforma exclusiva com aulas de Limpeza Energética. As aulas são práticas e dinâmicas para que você mantenha o equilíbrio e harmonia para si, para seus familiares e para o seu lar. Aprecie! Na mesma plataforma você encontrará links para outros grupos de partilha de saberes, além de ficar por dentro do calendário de eventos e cursos presenciais e online. Baixe em seu celular o leitor de QR Code, aproxime o leitor do código e prontamente você será encaminhado à plataforma de ensino. Alguns smartphones já possuem tecnologia para a leitura de código, basta aproximar a câmera e acessar a plataforma. Caso você não consiga, entre em contato com nossa equipe: contato@naylah.com.br

Jacqueline Naylah
Eu te Benzo
O legado de minhas ancestrais

BesouroLux

3ª edição / Porto Alegre-RS / 2021

Capa, ilustrações e projeto gráfico: Marco Cena
Revisão e produção editorial: Bruna Dali e Maitê Cena
Produção gráfica: André Luis Alt

Dados Internacionais de Catalogação na Publicação (CIP)

N331e Naylah, Jacqueline
   Eu te benzo: o legado de minhas ancestrais. / Jacqueline Naylah. – 3.ed. Porto Alegre: BesouroBox, 2021.
   136 p. ; 14 x 21 cm

   ISBN: 978-85-5527-099-4

   1. Oração. 2. Reza. 3. Benzimento. 4. Fé. I. Título.

CDU 248.143

Bibliotecária responsável Kátia Rosi Possobon CRB10/1782

Copyright © Jacqueline Naylah, 2021.

Todos os direitos desta edição reservados a
Edições BesouroBox Ltda.
Rua Brito Peixoto, 224 - CEP: 91030-400
Passo D'Areia - Porto Alegre - RS
Fone: (51) 3337.5620
www.besourobox.com.br

Impresso no Brasil
Fevereiro de 2021.

Aos meus filhos, Nicolas e Pietro.
Tu só vais me entender o dia que tu tiveres teus filhos! – esse é o dito popular das mamães de todo o mundo... e não é que é verdade?
Se eu fechar meus olhos nesse momento, consigo lembrar de todas as vezes que minha vó rezou pela saúde de minha mãe, todas as vezes que minha mãe rezou pela minha e todas as vezes que eu rezo por vocês.
Joelhos no chão, mãos em prece, lágrimas nos olhos, uma dor arrebatadora que invade a alma, gélida, trêmula. Lambo a ponta do meu dedo polegar e faço um sinal da cruz na testa, entoando como um pedido de misericórdia:
Eu te pari,
Eu te criarei
Esse mau olhado eu te tirarei
Em nome do Pai, do filho e do Espírito Santo
Amém.
Deus ouve sempre, Deus atende sempre. Não há oração maior no mundo do que aquela que sai do fundo da alma de uma mãe.
Que este livro possa ecoar, perpetuar. Um dia – lá no futuro – sentirei muito orgulho em ver vocês embalando e benzendo seus filhos, meus netos, e toda uma futura geração de seres humanos que cultuam a arte de cuidar do outro com simplicidade e amor.
Minha vida por vocês!

Tão difícil escrever este livro... sem saber por onde começar: passado, presente, outra vida, minha infância? Falar da vó, falar sobre meus pais, minhas dores, meus anseios, meus cursos, minha formação?

Fui até meu altar, joelhos ao solo, dedos erguidos aos céus e um pedido:

– Ei, alguém aí me dê uma força aqui! Uma inspiração!

Eis que sinto uma leve brisa adentrar o quarto do altar, uma sensação de amparo, um aconchego, um colo de mãe e uma voz doce:

– Ora, minha filha, despeja seu coração por aí.

Então, meu querido leitor, começa a surgir um livro assim, desse jeitinho... com uma linguagem informal, de casa, nos dando uma imensa saudade de um tempo que irei retratar aqui:

Quase sinto um cheiro de defumação com arruda e alecrim. Quase vejo uma casinha de madeira, uma cadeira de balanço, uma vela e um altarzinho de cortininhas fechadas. De fundo ouço um chinelinho arrastando e o badalar do sino da paróquia vizinha. O aroma que invade a casa, eu posso jurar que é de comidinha de vó. Os animais da casa (cachorro, gato, galinha, pato e periquito) ficam ouriçados. O pedal da máquina de costura segue a alinhavar. Quase a lágrima cai, mas não caiu... atrevo-me a dizer que viverei todos os meus dias para tornar viva a história de cada uma dessas saudades, pois em cada uma delas também vive um pouquinho de mim: benzedeira eu sou, e em minhas mãos elas nunca morrerão!

Sumário

Prefácio de Elma Sant'Ana 11
Prefácio de Rosane Kern......................................13
Apresentação..15
Um tantinho de mim 17
Nos braços do grande benzedor: Gilberto.....................23
Minha ancestral benzedeira: Vó Eni...................29
O que é benzer?...33
História e origem do benzimento........................37
Religiosidade e espiritualidade............................43
Quem é Deus?...47
O que é rezar?...51
Quem pode ser benzido?.....................................59
Crenças e mitos 63
A moeda de troca 69
O rito de benzer 75

O rezo..79
O sinal da cruz..83
O número 87
As ferramentas de benzer............................91
As mãos do benzedor 99
Benzedores do Plano Astral 103
Zola: ela é um pouco de mim e eu sou um tanto dela.. 107
Benzimento feito à distância..................... 113
Presente da casa do benzedor................... 117
Como manter a energia de quem benze purificada.... 121
Perpetuando o benzimento....................... 125
Benzimento da Nova Era........................... 131
Conclusão 135

Prefácio

Elma Sant'Ana
Pesquisadora, folclorista

Não sou benzedeira, nem parteira, mas estes temas sempre me fascinaram. O primeiro, trata da fé e da valorização das pessoas, cujas almas trazem as verdades do passado. O segundo, trata da vida.

Resgatar as benzedeiras e parteiras, com os seus saberes tradicionais femininos, faz parte da minha missão como pesquisadora, folclorista, e principalmente como mulher.

As benzedeiras estão presentes em nossa sociedade de forma significativa, em nossas memórias familiares, em nosso universo mágico-infantil. Dentro da medicina popular no Rio Grande do Sul, é a benzedeira que faz uso de todos os métodos não-ortodoxos no exercício da cura.

E nesta procura de histórias de vidas de benzedeiras, nestes encontros holísticos que participo como palestrante, tive a oportunidade de conhecer Jacqueline Naylah, no Seminário Brasileiro de Benzedeiras, realizado em Porto Alegre, no ano de 2016. Sentei ao seu lado, na mesa dos conferencistas. Jacqueline amamentava seu filho, com poucos dias de vida. Gostei daquela imagem e dos seus dizeres. Reconheci naquela jovem mãe a benzedeira do futuro.

Voltamos a nos encontrar no Seminário de Benzedeiras e Benzedores em Alegrete, na fronteira oeste do Rio Grande do Sul. Jacqueline Naylah ministrava um curso de benzimento a uma assistência atenta aos seus ensinamentos. Se identificou como bióloga, biopatologista, terapeuta holística e herdeira de benzedeiras – o que me chamou especial atenção. Seu filhinho, agora um pouco maior, tocava com suas mãos as velas, as ervas e todo o material organizado pela sua mãe-benzedeira – ambos sentados no chão, interagindo com os participantes. Ouvi atentamente suas histórias, sua linha do tempo, a arte de benzer herdada de sua vó Eni e como ela renasceu para o benzimento. Lembrou de alguns ditos antigos, como quando nascia uma criança, as parteiras erguiam o bebê no colo e diziam: "Com saúde, benza a Deus!". Este era o primeiro contato do bebê com a arte de benzer. Falou dos benefícios das ervas, do fogo, da magia do sol e da lua, das alquimias.

Com certeza, nas mãos de Jacqueline Naylah, as benzedeiras nunca morrerão. Sua bagagem, sua ancestralidade, seus recursos e conhecimentos da área acadêmica fazem parte de sua missão, da sua sacralidade feminina, em vários aspectos expostos na sua obra *Eu te Benzo*, de uma forma transparente, através de uma leitura dinâmica e " leve como a alma de toda benzedeira".

Boa leitura!

Prefácio

Rosane Kern
Psicóloga e Benzedeira

Então, num belo dia, a Jacque me pede para prefaciar seu livro... meu coração se encheu de honra e orgulho, desses que as mães têm dos filhos, pois com certeza este sentimento, entre tantos outros, já permeou nossos encontros por "outras vidas": mãe e filha e/ou filha e mãe.

Conheci a Jacqueline em dezembro de 2015 num curso de benzimento sediado por mim. Há muito eu procurava um curso assim... há muito eu procurava a Jacque, sem saber que ambos existiam. Procurava alguém que me auxiliasse na minha conexão com o sagrado, com a minha ancestralidade, com a minha essência, e que amasse gente... todas as "gentes". E assim foi, encontrei essa menina/mulher/moleca/anciã, com um sorriso enorme, do tamanho da sua sabedoria e do seu coração, que tem o olhar profundo da preta velha e o bailado leve da cigana. Mãe de dois e de muitos, divinamente apaixonada pelo Gilberto.

Essa guria – que além de ciganear por esse mundão espalhando sabedoria, respeito e amor – agora "escreve-se" em forma de livro. Um livro pra ser saboreado, pra ler devagarinho e

13

atentamente, como se a gente tivesse sentada num banquinho ouvindo a Zola e a Naylah. Um livro cheinho de místicas, mas que desmistifica conceitos que foram pré-concebidos ao longo de nossa história. Um livro que ensina e deixa o espaço para o saber individual de cada leitor. Um livro para quem quer benzer e ser benzido.

Apresentação

Muitas vezes fui questionada por alunos, clientes e colegas sobre como deveriam me chamar: mestre, yalorixá, mãe, mentora etc.

Das minhas formações – tanto acadêmicas como espiritualistas – essas titulações são reais e certificadas. Mas quem já me ouviu em algum curso ou palestra irá lembrar que minha fala de apresentação é: meu nome é Jacqueline Naylah, podem me chamar de Jacqueline, de Jacque ou de Naylah.

Sempre idolatrei meu nome, acredito que não há nada que cultue mais minha ancestralidade do que ser chamada da forma como meus pais escolheram me chamar. Meu nome é a esperança de um futuro brilhante, é o nome do amor incondicional, é o nome dado por quem me carregou no ventre, me pegou nos braços, olhou em meus olhos, desejou meu crescimento, me fez o que sou.

As titulações são apenas um certificado a mais na gaveta, pois perante o Universo estamos todos no mesmo plano, no aqui e agora.

Quem fez um dos meus cursos ou assistiu uma das minhas palestras também irá lembrar que minha fala sempre é concluída com: eu seguirei, pois cada um de vocês é a manifestação da cura em mim. Por vocês, hoje, eu saio mais curada.

É uma honra encontrar muitos Deuses e Deusas no caminho, eu vos reverencio!

Jacqueline Naylah.
Jacque, como diria meu pai.

Um tantinho de mim

São flores, Nanã, são flores
São flores, Nanã Buruquê
São flores, Nanã, são flores
Do seu filho Obaluayê
Nas horas de agonia
Quem sempre vem me valer
É seu filho Nanã
É meu pai, ele é Obaluayê
A Senhora Sant'Ana
É Nanã Buruquê
Ela é mãe dos Orixás
São Roque é Obaluayê
Saluba Nanã Buruquê

Ponto para Nanã Buruquê.

Minha vida daria uma biografia de inúmeras páginas, mas aqui tentarei (juro que tentarei) ser breve, pois a proposta deste livro é ser leve, tal como a alma de toda benzedeira.

Esta obra está sendo escrita em meus trinta e seis anos, mas sinto que já estou há tanto tempo nessa mesma carcaça... deve ser pelo tanto que já vivi, o tanto que já caí, o tanto que já me reergui.

Nasci em Porto Alegre, de uma família com raízes no benzimento (família materna) e na afro-religiosidade (família paterna). Família grande, mas com encontros pontuais (aniversários, datas festivas). Sempre fui a bonequinha do papai e assim eu era vista por muitos de meus familiares, e assim eu me sentia: a ovelha distinta.

Aos cinco anos de idade vi minha mãe tendo uma crise convulsiva, entrando em coma. Ela despertou após 5 horas, mas dali até hoje eu sei que parte da minha mãe ficou naquela crise. Em todos esses anos, por inúmeras

 Jacqueline Naylah

vezes, vi minha mãe com lapsos de memória, com crises de bipolaridade, entrando em processos de depressão. E assim ainda é. Confesso que ainda hoje eu me pego pensando o que poderia ser diferente e assim tento fazer diferente a cada dia, no meu papel de mãe. Talvez até mãe da minha própria mãe.

Aos meus nove anos eu ganhei um irmão, meu único irmão. Sabem aquele momento do nascimento de uma criança em que todos festejam? Não houve festa! Meu irmão nasceu portador da Síndrome de Down e meus pais tiveram a pior crise que eu poderia ter visto – aos nove anos – sem compreender absolutamente nada. Eu apenas ouvi que dali por diante meu irmão teria cuidado absoluto e que eu deveria cuidar de mim mesma.

Aos quinze anos meu irmão foi diagnosticado com leucemia mieloide aguda, ficou internado e realizou mais de cem sessões de quimioterapia. Sobreviveu.

Meus pais passavam boa parte do tempo no hospital e eu fazia de tudo para chamar a atenção deles de alguma forma: um dia eu chegava tarde da noite em casa, no outro eu apresentava meus boletins com as melhores notas da escola. Um dia eu era a pior filha, no outro a melhor filha.

Vixxiiiiii, mas quanto drama, não é mesmo? Até vou encurtar!

Depois do quinze vem uma avalanche de episódios: entrei para a faculdade, namorei, fiquei grávida, casei, divorciei, entrei para o universo holístico, fiz pós-graduação, realizei inúmeros cursos, meu pai faliu, o galo cantou, o pinto piu.

A vida me consumiu... e aos 26 anos eu estava em um quadro sensível de saúde, acometida por doenças no útero, doenças da mente, doenças da alma. Na época eu acumulava diplomas da área científica e diplomas da área holística e não compreendia como um ser humano que já havia passado por inúmeros testes na vida e com todo conhecimento do corpo e da energia poderia estar naquele momento pesando 38kg (SIM, VOCÊ NÃO LEU ERRADO – TRINTA E OITO), em profunda depressão, tendo um filho pequeno que se inspirava na mãe para crescer.

E foi nessa posição de vítima que eu entrei pela jornada em busca da fé. E como boa escorpiana que sou (calma, não desistam de mim, sou uma ótima pessoa), com todo meu pulsar de intensidade, fui buscar a fé em todos os lugares que abriam as portas: cristianismo, evangélica, hinduísmo, budismo, johrei, arte mahikari, candomblé, doutrina espírita, umbanda, nação. Em todas elas eu fui muito bem recebida. Em todas elas eu vi respeito, amor, verdade e beleza. Todas elas fazem de mim o que sou hoje. Em cada uma delas eu estudei o que era proposto, mas não compreendia que o que eu procurava deveria partir de outro lugar.

Completamente desesperançosa, vagando pelo mundo sempre cabisbaixa, refletindo sobre como acionar a fênix de toda escorpiana (emergindo do fundo do poço), encontrei Gilberto. Gilberto foi e ainda é tão importante em minha vida que para ele eu dedico um novo capítulo.

Nos braços do grande benzedor: Gilberto

Santos Reis tinham doze filhos,
de doze morreu um ficaram onze,
de onze morreu um ficaram dez,
de dez morreu um ficaram nove,
de nove morreu um ficaram oito,
de oito morreu um ficaram sete,
de sete morreu um ficaram seis,
de seis morreu um ficaram cinco,
de cinco morreu um ficaram quatro,
de quatro morreu um e ficaram três,
de três morreu um ficaram dois,
de dois morreu um ficaram um
e esse um se arrebentou graças a Deus.

Para curar doença por vermes.

Conheci o Gilberto na escola onde estuda nossos filhos. Daquelas amizades de pais de escola, acenos, sorrisos e vez ou outra parávamos para conversar amenidades (será que chove, hein?). Surpreendia-me como um senhor (Gilberto já passou das 60 primaveras) chamava atenção de tanta gente... onde ele estava vivia cercado de pais, mães, alunos, professores, funcionários da escola, tio do bar. Ele era o "popular". Falava alto, dava gargalhadas, gostava de abraços, acolhia as crianças, sabia tudo da vida de todos.

Questionava-me: será que ele é um empresário milionário, famoso, e eu tonta nem sei do que se trata? Enfim, não importa...

Em um dos momentos muito difíceis da minha vida, caminhava de cabeça baixa, naqueles dias em que tentamos encontrar no chão o local mais adequado para cavar um buraco, eis que surge Gilberto: olá, mãe do Nicolas, sei que és psicopedagoga e preciso da sua orientação.

ALERTA PARA: tudo balela! Ele não precisava de nenhuma orientação. O final aqui é que hoje somos casados!

Mas naquele momento Gilberto (babalorixá há 50 anos) estendeu-me a mão, convidou-me a uma sessão para conversar com uma de suas entidades (Preto Velho Burachè) e bastou uma sessão, em uma conversa sentada em um toco para compreender e assimilar que se eu tinha a capacidade para acessar todas as minhas doenças, eu também tinha capacidade de acessar todas as possibilidades de cura; que Deus habitava em mim, e o maior templo era o meu próprio ser; que todo meu conhecimento sobre o ser humano, sobre a ciência, sobre o holismo, sobre a religiosidade e sobre a espiritualidade estavam em minhas mãos, bastava compreender que o Universo havia me dado ferramentas para auxiliar outras pessoas e essa era a minha missão; e que a partir do momento que eu assimilasse a minha missão, eu encontraria a jornada da cura.

Entendi que precisava transmitir tudo o que eu sabia para outras pessoas. Comecei a criar cursos, palestras, iniciar alunos nos cursos em que eu era habilitada. Em pouco mais de um mês eu já estava completamente transformada, viva, curada. Foi Deus, foi Burachè, foi Gilberto, foi eu.

Gilberto é esse curandeiro, esse benzedor. Ele cura a todos com as altas gargalhadas, com o abraço, o acolhimento. Intuitivamente ele sabe do que precisamos e tenta nos ensinar a enxergar além do final do túnel, do chão, do buraco que muitas vezes na vida nos parece a única saída. Ele nos faz acreditarmos que Deus somos nós. Gilberto é, sim, um empresário milionário. Ele vende esperanças.

Tenho uma amiga, uma irmã de alma, Priscila Brenner, cantora e compositora de uma música que diz assim:

"Tempo que eu nem vi passar
Tempo vai com calma
Que todo tempo é pouco
O tempo vale ouro"

E o tempo voou! Esgotamos as edições anteriores e chegamos na terceira edição deste livro. Em uma troca de mensagens com a editora soube dessa felicidade em esgotar os exemplares, ao mesmo tempo que ela me convida para atualizar esse capítulo, pois em dezembro de 2020 Gilberto virou luz!

Foram anos de uma convivência diária, anos em que um era o cajado do outro: ele me fazia brilhar, eu o enaltecia como homem e como mestre. Foram anos de amor, respeito, cumplicidade e parceria. Como a natureza dos ciclos da vida, em meados de 2019 Gilberto foi diagnosticado com câncer. Passou a ter uma vida mais frágil (embora não demonstrasse), foi submetido a cirurgia e em nossas conversas ele apenas dizia: "por favor, fique ao meu lado, me faça feliz no tempo em que ainda tenho pra viver". E assim eu fiz, fiz tudo que pude. Foram tempos de viagens, de restaurantes, de filmes com pipoca, de jantar à luz de velas, de presentes, de surpresas, de declarações

de amor, de altas gargalhadas, de partilha de saberes, de tudo.

Cada um de nós tem um propósito de estar aqui, chega um dia que esse propósito finda, pois concluímos com excelência o papel de ensinar e aprender com todos aqueles que nos rodeiam. Gilberto me ensinou tudo que eu precisava aprender e eu retribuí com todo amor que pude doar, então nosso propósito de conexão acabou. Nos primeiros dias de dezembro de 2020 acordou cansado, fragilizado e ao final do dia precisou da hospitalização. Era o início do fim da vida terrena, era o fim para o início de uma vida de luz. Em poucos dias desencarnou, me deixando uma lembrança eterna... um dia antes de sua partida, segurando forte em minhas mãos, olhando fixamente em meus olhos, me disse: "eu amo".

Eu também te amo, ser de luz intensa, meu mestre, nossa estrela guia. Que nesse lugar encantando onde agora tu habitas, consigas receber ainda nosso amor e nosso orgulho pela tua linda e brilhante trajetória em vida. Que tu tenhas a certeza de que cada um de nós (eu, teus filhos, tuas netas, teus amigos, clientes e admiradores) irá honrar tua presença de luz em nossas vidas, para que dessa forma tu sigas vivendo através do teu legado, agora como nosso ancestral.

Viva Gilberto!

Minha ancestral benzedeira:
Vó Eni

Deus, quando andou pelo mundo,
numa casa chegou e encontrou:
homem bom e mulher má,
esteira velha em canto molhado.
Deus te tire este olhado,
pelas Três Pessoas da Santíssima
Trindade, Padre, Filho e Espírito Santo.
Amém!

Contra inveja e mau olhado.

A Dona Eni é tão boa que tira até pedra do rim – assim eu ouvia quando pequena. A vó Eni teve 13 filhos, de netos e bisnetos eu já perdi a conta. Das lembranças da minha infância guardo na memória uma casinha linda, típica casinha de vó: guardanapos de crochê, quadros com fotografias em preto e branco, filtro de barro com água sempre fresquinha, a cadeira de balanço do vô Alcides (ao lado, sua cuia para o chimarrão e uma chaleira preta), máquina de costura, um altar com diversas imagens de santos, escapulário, pires para acender vela, bíblia, rosários, flores, copo com água e tesoura.

Sempre fui muito ativa, curiosa, questionadora, espoleta. Na casa da vó e do vô eu era a cantora; o vô adorava sestear após o almoço, e eu reivindicava: mas, vô, é hora de cantar, dormir é só de noite, na caminha!

Na cozinha da vó eu era a alquimista. Com uma panela, uma colher de pau, uma jarra com água, uns talos de alguns legumes e pronto: lá estava Jacqueline e seu caldeirão.

Num dia – eu devia ter uns quatro aninhos – de pé numa cadeira, mexendo o tal caldeirão, batendo pé e cantando, percebi uma ferida na boca, mostrei para minha vó e ela prontamente já saltou: "Segura aí que a vó já volta..."

Foi no altar e rapidamente voltou com um chumaço de algodão. Molhou o chumaço na torneira, pediu para passar na minha boca e jogou o algodão em uma parede. Falava tão rápido e tão baixinho – quase sussurrando – algo que eu não conseguia entender.

Perguntei: vó, o que é isso? O que a senhora falou? Por que a senhora tá jogando minha língua na parede? Por que a senhora tá cochichando?

A vó respondeu: "Não é nada, não. Vai ficar boazinha. Pode voltar a fazer tuas brincadeiras."

Com o passar dos anos fui compreendendo quem era a Dona Eni (que tira até pedra do rim) – e tirava mesmo!

Dentro dessa arte de benzer da vó eu tive muitas fases: acreditar, duvidar, questionar, achar uma bobagem, não demonstrar interesse, até tornar-se natural como qualquer outro dom, talento ou profissão.

Há alguns Dona Eni desencarnou e essa história toda poderia terminar aqui, mas eu já disse que sou ativa, questionadora, curiosa e espoleta, não é mesmo? Pois bem... essa história toda começa aqui. Somos feitos de início, meio e fim. Somos começos e recomeços. Somos erros e acertos. Somos a vida e também somos a morte, aliás, a morte é só o começo de uma vida. Aqui nasceu uma benzedeira. Eu renasci para o benzimento.

O que é benzer?

Sapo, sapão, aranha, aranhão.
Calda, caldeirinha eu te corto
com esta cruzinha.
Por aqui passou bicho ou pensamento.
Mas com este unguento tudo vai passar.
Se te coçaste ontem, hoje te vais coçar.
Mas com este unguento e a
bênção de São Bento,
isso vai sarar.
Olha bem para esta cruzinha.
Vê por onde ela vai passar.
E se nunca a sentires,
o comichão não vai parar.
Em louvor e honra da Virgem Maria
um Pai-Nosso e uma salve-rainha.

Oração contra comichões.

Do latim *benedīco is dīxi dictum cĕre* louvar ou abençoar algo ou alguém. Bendizer, glorificar. Lembram-se dos antigos ditos de quando nascia uma criança, as parteiras erguiam o bebê ao colo da mãe e diziam: "com saúde, benza a Deus"? Este era o primeiro contato do bebê com a arte do benzer, recebendo a bênção que amparou o parto.

E quando pedíamos a bênção aos mais velhos:

"– A sua bênção, minha mãe?

– Deus te abençoe, meu filho!"

Recordam destes momentos?

Benzer é um ato de amor, do mais puro e singelo amor. Benzer é quando doamos um pouquinho de nós: do nosso tempo, sentimento, amparo, carinho, colo e do nosso saber.

Embora dentro da prática do benzimento figurem inúmeros métodos, técnicas, conhecimentos ancestrais sobre saúde, bem-estar e espiritualidade, quando você

questionar o que é benzer, lembre-se que o mais singelo gesto de servir uma xícara de chá e estender seu ombro amigo é um ato de abençoar. Em um universo onde muitos estão carentes de acolhimento, uma palavra que transmita positividade, amor e paz é bem-dizer, ou seja, benzer!

Benzer é tão simples e era a única forma de cura acessível a todos na antiguidade, por isso dentro das técnicas de benzer podemos ver um cenário próximo à cozinha da casa, utilizando ferramentas de cozinhar para benzer, e próximo à máquina de costura, utilizando linhas, agulhas e tecidos para benzer.

História e origem do
benzimento

São Pedro, salva-me bem que me vou.
Jesus Cristo foi Batizado.
Na arca de Noé me meto.
Com as chaves de São Pedro me fecho
para que nenhum mal me aconteça
e tudo quanto perder, apareça.
A Jesus me entrego,
e a Jesus um credo rezo.
Amém Jesus.

Oração para proteção.

O ato de benzer é milenar e praticado por povos de diversas regiões do mundo inteiro. Destacarei quatro povos que perpetuaram a tradição do benzimento por milhares de anos até chegar a nós.

Africanos: para o povo africano a conexão com a espiritualidade é empírica. Ainda nos tempos atuais, em que grande parte do continente encontra-se imersa à fome e a miséria, é possível em uma simples conversa sentir que dentro de cada africano existe a crença em algo maior, em Deus, em Olorum, em NZambi, nas Forças da Natureza (orixás), na essência divina.

Ciganos: guardiões dos mistérios, grandes observadores dos arquétipos humanos, peregrinos, aprendizes da vida, filhos do sol, da lua e das estrelas. Dentro de comunidades (clãs) aprenderam a viver e sobreviver com a simplicidade que tinham e suas próprias ferramentas do saber. Dessa forma, qualquer doença era sanada dentro do clã, em partilhas de saberes do que desvendavam nas descobertas dos benefícios das ervas, dos grãos, do fogo, da magia do sol e da lua, nas alquimias. Aprendiam também dentro de suas jornadas peregrinando por entre todos os povos do mundo, a cada canto, um saber. Parte do que hoje sabemos vem deles, parte deles foi que levaram de nós.

Indígenas: donos da nossa terra, conectados à mãe natureza. O povo indígena é o grande sabedor das plantas, com uma medicina própria oriunda do seu habitat nas matas e leitos dos rios, ao seu convívio com a fauna, à manutenção da vida nas tribos e sobrevivência. O povo indígena desvendou as grandes fórmulas de cura das doenças de seu povo e criou sua própria medicina.

Bruxas: consideramos aqui as comunidades adeptas ao paganismo, a antiga religião, a Wicca e os mistérios da magia cinza. Grandes conhecedores do culto aos Deuses e Deusas, conhecedores das fases e simbolismos da lua, à natureza e seus elementais. Lembram-se da vovó que conversava com as plantas? Lá estava um elemental, um ser habitante do Universo da mata, a cuidar e a zelar pelo seu lar.

Desde a cozinha das benzedeiras até a horta podemos recordar de muitas tradições de bruxas: as garrafadas eram grandes e poderosas poções que uniam sementes, flores, ervas e especiarias. Ainda são muito comercializadas nas regiões norte e nordeste do Brasil. Tem garrafada para dor de garganta, garrafada para criança miúda, garrafada

Eu te Benzo

para dor de dente, para arranjar emprego e até para segurar marido (dessa você deu risada!).

Certa vez, em uma feirinha em Salvador pedi um "curador" para o meu joelho... do fundo da feirinha surgiu uma senhora bruxinha, catou um potinho e rapidamente colocou meia dúzia de ingredientes enquanto rezava... em alguns minutos saí com minha poção curativa. Pura alquimia, puro saber! Se funcionou? O que vocês acham?!

Grande conhecimento das bruxas!

Religiosidade e espiritualidade

Eu te benzo, chaga ruim.
Por Deus serás fechada e numa caixa
encerrada para que não possas respirar.
Se queres, sai já.
Se não queres, pouco tempo tens para
decidir, pois Jesus vai descer e assim que
Ele te ver depressa tens de te decidir.
Eu te benzo uma vez, eu te benzo
duas ou três vezes para assim como
se fecharam as chagas de Jesus Cristo
nos braços de sua mãe, tu te feches e
tu te sares pelo incomensurável poder
dos céus.

Para a cura de chagas ruins.

Existe um dito de que as benzedeiras eram católicas fervorosas, pois é um mito! As benzedeiras e benzedeiros eram pessoas de muita crença, muita luz, muita fé e de uma visão muita ampla quanto à espiritualidade.

Lembro-me da vó que tinha uma estátua do Menino Jesus de Praga enorme na porta de entrada e ao mesmo tempo, ao benzer as pessoas contra quebranto, cantava:

"Corre ronda, Pai Ogum
Filhos querem se defumar
A Umbanda tem fundamento
E é preciso preparar
Queima incenso e benjoim
Alecrim e alfazema
Defumai filhos de fé
Com as ervas da Jurema."

 Jacqueline Naylah

Eu pensava: eita, que a vó fez uma misturada agora!

Para minha vó e para toda essa grande linhagem de benzer, Deus é cada um de nós. Como elas diziam: "o povo lá de cima tudo se entende, tudo se ajeita".

As religiões foram criadas pelos homens com a finalidade de religar-nos ao sagrado, mas cada homem fundador das vertentes que conhecemos tinha suas crenças, seus dogmas, suas culturas. Por isso nos adaptamos em alguns locais religiosos e em outros não.

A espiritualidade é a conexão do homem com o sagrado, com o divino, com a essência, com a fonte criadora, permitindo-nos uma visão ampla sobre o universo, sobre Deus, sobre o que somos, sobre todas as crenças, dogmas e culturas.

A religião pode colocar-nos em gavetas, enquanto a espiritualidade por abrir-nos várias janelas.

Os benzedeiros têm braços abertos para a cura e acolhimento de todos, sem distinção. Não importa se você acredita em Deus, em Buda, em Krishna, em Alá, em Jeová, em Jesus Cristo, em Oxalá, na Mestra Kuan Yin, no Lord Ganesha ou no Exu 7 Encruzilhadas. O que importa é que você acredita que o Universo permitiu e lhe presenteou com um momento de conexão, uma imersão em uma atmosfera de amor, onde a cura através do intermédio de um benzedor pode acontecer.

Quem é Deus?

Pedro e Paulo foram a Roma,
e Jesus Cristo encontrou.
Este lhes perguntou:
então, que há por lá?
Senhor, erisipela má.
Benze-a com azeite,
e logo te sarará.

Para curar erisipela.

Ao longo desses 36 anos de vida passei por inúmeras vertentes religiosas. Em cada casa, templo, tenda, igreja, pastoral, clã, ilê, ashram, círculo ou paróquia estudei e me entreguei de corpo, alma e coração... entendia que em todas elas haveriam oportunidades de tentar conversar e clamar por Deus, mas Deus me atendeu quando eu assimilei que em silêncio Ele teria oportunidade de falar comigo.

Tornei-me sacerdotisa de uma vertente puramente Africana, que é espiritual em essência, que tem Deus na natureza, no alimento, na família, nos laços de amizade, no nosso servir. Deus é a lágrima de emoção, o riso solto, a adrenalina de vencer uma batalha, o nascimento de um filho, uma estrela cadente, o raio de sol, o afago da vó, o colo de mãe, a palavra de apoio do pai, a determinação de quem busca um emprego, a mão estendida de quem ajuda

 Jacqueline Naylah

o próximo, a flor que nasce no rodapé da janela, o canto do bem-te-vi. Deus é tudo. O meu rezo é uma conversa íntima com Deus. A minha oração nunca é um pedido, mas sempre um agradecimento. Somos parte do todo e quando assimilamos isso vislumbramos um Universo com infinitas possibilidades de criar, crescer, evoluir, amar, prosperar e viver o tempo presente em plenitude.

Quando contemplamos e agradecemos por toda a dádiva de viver nos tornamos eternos. Cada semente nossa deixada nessa terra será uma partícula de nós por todo o sempre. Assim fizeram nossos ancestrais... ao cultuá-los com amor seremos uma fonte de evolução, pois desfrutamos do solo por eles construído e a esperança deles ainda habita nosso espírito, nossa alma e nosso DNA. Quando sigo meu propósito de vida com verdade, clareza, firmeza, confiança e gratidão, Deus sou EU. Minha missão como sacerdotisa é fazer com que você compreenda seu propósito de vida com verdade, clareza, firmeza, confiança e gratidão, pois Deus também é você! Ah, mas qual é minha religião? Todas!

O que é rezar?

Com Deus me deito,
com Deus me levanto,
com a graça de Deus
e do Espírito Santo.
Se dormir muito, acordai-me,
com todas as tochas de vossa Trindade,
na mansão da eternidade.

Para dormir com tranquilidade.

Meu conceito de rezo é que ele não deve ser decorado... muito pelo contrário, pois ao decorar um rezo estarei repetindo palavras que saíram do pensar, sentir e querer de outras pessoas. Rezo é algo único e todos os deuses, anjos, santos, arcanjos e orixás entendem o que quer que seja dito!

Rezo é uma conversa íntima, ao pé do ouvido... pode ser um cântico, um mantra, uma poesia, um pensamento.

É o grito da mulher que está parindo, é a criança correndo feliz de encontro ao pai, um abraço entre irmãos, a felicidade de conquistar um objetivo, a saudade que sentimos da comidinha da vovó, o êxtase ao ver uma estrela cadente, o orgulho em fazer uma boa ação, um refrescante banho de mar, o calorzinho na alma ao abraçar a pessoa que amamos e toda lágrima de emoção!

Rezo é quando eu deixo de lado a matéria, quando me esqueço de cobrar de Deus pelo tempo que eu gostaria que tudo acontecesse, quando não me vitimizo, quando não culpo o outro por nenhuma razão, quando entendo que tudo que tenho é fruto de tudo o que um dia plantei.

Eu, quando rezo, silencio. Sento num banquinho, junto minhas mãos no coração, sinto minha respiração, sinto as batidas do meu coração, deixo as lágrimas rolarem (caso queiram rolar) e sussurro a todos os deuses: eu sou muito grata!

E qual a mística por trás do rezo dos benzimentos?

Cada benzedor tinha seu próprio rezo, sua própria forma de rezar, por isso que em alguns Estados do país o servir de benzedor é também conhecido como rezador.

Ao longo desses anos de peregrinação conheci benzedeiras que entoavam mantras, que cantavam pontos de Umbanda, contavam itans (mitos africanos), cantigas, diálogos, orações cristãs, lamentos. Conheci uma benzedeira que em todos os atendimentos ela contava a história do nascimento de Jesus, tão lindo, tão único, tão dela.

Iniciei uma peregrinação em busca de saberes, contos, histórias de vidas de benzedeiras e benzedeiros por meio de meus cursos. Depois, já com meu curso na bagagem, peregrinei e conheci benzedeiras e benzedeiros por todo o Brasil e também em outros países. Descobri que a arte de benzer é riquíssima, que cuidar do outro com amor e simplicidade é um patrimônio da humanidade, que todos nós podemos abençoar, com a fé no Deus que habita em nós. Palestrei em seminários para benzedeiras velhinhas (entre 70 e 100 anos)... imaginem que eu passei a palestra toda acreditando que estávamos em posições trocadas: elas deveriam palestrar para que eu pudesse aprender o tanto de vida que elas tem a me ensinar. Conheci uma feirinha em Goiânia que prestigia as benzendeiras e benzedeiros do cerrado e por lá eles quase não se ouve o termo "benzer", mas sim "rezar", então benzedeiras e benzedeiros são os ditos "rezadores", bem como nas regiões norte e nordeste do Brasil.

E por falar em Brasil... a arte de benzer em nosso país torna-se tão rica e singular devido às nossas diferentes culturas, origens dos povos e ao clima. Doenças que são comuns no sul talvez nem sejam conhecidas no norte. Rezos formados por dialetos dos povos que chegaram no nordeste são diferentes dos rezos de dialetos do centro do país. Eita! Quando eu achei que sabia tudo, aí mesmo é que eu não sabia nada! E assim é que é bom... como diria alguma rezadeira mineira: né não, fía?

Pedacinho de dialeto daqui, de lá, acolá... conheci Carolinne Caramão, uma cantora que também peregrinou em busca de benzedeiras e suas histórias de vida para compor canções. Foi amor à primeira "audição"... as músicas da Carol levam cada um de nós à cadeira de balanço da vovó, aos congás, às sessões de bate-folhas, às peregrinações, enfim, ao mundo da benção. Cada cantiga é um cantinho da alma da gente que fica curado.

Meu sonho era conhecer Elma Sant'Ana, uma historiadora que assim como eu peregrinou o Rio Grande do Sul e partilhou com todos nós em suas obras a vida, a história, a cultura e as memória das benzedeiras e parteiras do Estado. Em 2016 recebi um convite para palestrar ao lado de Elma no Seminário Brasileiro de Benzederias, mas no momento do convite eu estava grávida de 34 semanas. A palestra estava marcada para a segunda semana de março e então haveria algumas possibilidades: ir com um barrigão enorme, ir em trabalho de parto ou ir com o bebê nos braços. Não comparecer não estava nos meus planos! Meu bebê nasceu e 12 dias depois eu estava lá, ao lado de Elma Sant'Ana, ainda sangrando, com meu filho mamando em meu peito e honrando toda minha ancestralidade.

Ao final da palestra fui aplaudida de pé, ganhei um forte abraço de Elma e dias depois recebi relatos de que após minha saída Elma pegou o microfone e disse à plateia: "acabo de ver sair do palco Anita Garibaldi". Chorei feliz ao saber... uma honra. Elma Sant'Ana é escritora, tem mais de 30 livros publicados, parte de sua vida dedicada à Anita Garibaldi. E Anita dispensa qualquer comentário ou explicação de minha parte... guerreira, nossa, única. Anita é um rezo!

Bom, voltando ao rezo...

Rezo tem que sair da alma para tocar a alma de quem será benzido. Rezo nunca é algo a ser decorado, rezo é para ser sentido. Não importa o que se diga, pois às vezes nada é dito.

Rezo é algo tão íntimo e próprio que algumas benzedeiras sussurravam e ainda criaram o mito de que, se alguém ouvisse, elas perderiam o dom de benzer. É tão íntimo que certa vez uma aluna veio a mim muito faceira contando que havia achado o caderno de rezos da avó e então iria decorar um por um... no dia seguinte, o caderno desapareceu! Mas se dentro da cultura da família elas seguiam com a tradição de passar rezos de geração para geração, está certo! Afinal, o importante é fazer o bem com aquilo que se tem!

Somos todos partículas de Deus. Viver é dádiva, sentir a vida é um rezo! Rezar não é apenas pedir... é principalmente agradecer!

Quem pode ser benzido?

Sangue, tenha-se em si,
como Jesus Cristo esteve em si.
Sangue, tenha-se na veia,
assim como Jesus esteve-se na ceia.
Sangue, tenha-se vivo e forte,
assim como Jesus se teve na morte.

Contra hemorragias.

Todos podem ser benzidos e tudo pode ser benzido.

Vocês com certeza irão lembrar-se de alguns contos que irei mencionar aqui:

Já ouviram falar que quando o temporal estava para chegar as benzedeiras cortavam a tormenta?

Já bebeu uma água com gostinho diferente e a vovó dizia que era água benta?

Já receberam uma benzedeira em casa para batizar um recém-nascido?

Já ouviram falar dos contos antigos em que as benzedeiras eram chamadas para rezar alguém que estava prestes a falecer?

Pois vejamos: tormenta, água, recém-nascido, falecido? Simmm, eu disse que todos podem ser benzidos e tudo pode ser benzido!

As benzedeiras nunca se esquecem da missa de Domingo de Ramos (festa Cristã celebrada no domingo que antecede a Páscoa), em que os sacerdotes abençoam folhas de palma/ramos para que cada participante leve para o lar. As benzedeiras utilizam esses ramos para afastar as tormentas, queimando a pontinha do ramo e defumando a casa. Certamente a tormenta vai embora e o ramo volta a ser guardado em cima do armário.

A água benta nada mais é do que a água (geralmente do filtro de barro da vó) que recebe emanação e vibrações de energia oriundo do espaço de curas e orações.

Fazendo uma menção: um escritor japonês chamado Masaru Emoto executou algumas experiências, submetendo a água a vibrações do pensamento e da palavra. Com o experimento ficou nítido que a molécula da água é alterada conforme a frequência energética recebida.

Sejamos sinceros, água benta tem gostinho de amor, não é verdade?

A partir dessa leitura sua água será tratada de uma forma diferente... experimente impor suas mãos sob o copo com água vibrando na frequência da paz, do amor, da cura, da confiança e da gratidão. As benzedeiras já diziam e Masaru Emoto confirmou: a água tem segredos e tem muito poder.

Crenças e mitos

Jesus que é o Santo nome de Jesus,
onde está o Santo nome de Jesus
não entra mal nenhum.
A pessoa que vai coser pega numa agulha
e num novelo de linha e diz: eu coso.
E quem está padecendo responde:
Carne quebrada nervo torto.
Cosa a Virgem melhor do que eu coso,
a virgem cose pelo são e eu coso pelo vão.
Em louvor de Deus e da Virgem Maria,
Padre Nosso e Ave Maria.

Oração para nervo torcido.

O benzimento pode ser realizado em finais de semana?

Sim e não! Não há nada na energia do cosmos que impeça o benzimento de acontecer, mas havia naquele tempo (e é extremamente necessário nos dias de hoje) para resguardo do curandeiro.

Os benzedeiros abriam a porta de suas casas cedo pela manhã e por diversos dias atendiam inúmeras pessoas. Os finais de semana era o período de descanso, de resguardo, de sentar à mesa com a família, de cuidar da horta, fazer reparos na casa. Com essa nossa loucura dos tempos atuais também sentimos cada vez mais latente a importância de parar.

Quem cuida do outro primeiramente deve cuidar de si. Quem não tem tempo para cuidar de saúde, um dia não terá mais tempo para amparar a doença. E como dica

de uma herdeira de benzedeira... sabem o que elas diziam para ter o resguardo do final de semana? "Quem atende no final de semana perde seu dom!"

E não é que é verdade? O cansaço pode tirar o que de nós é mais precioso: a vida!

O benzimento pode ser realizado depois do pôr do sol?

Sim e não! As égregoras (força espiritual criada a partir da soma de energias coletivas, fruto da congregação de duas ou mais pessoas) atuantes na noite trabalham em torno dos rituais magísticos, diferente das égregoras que atuam sob a luz do sol, o qual fazem parte as benzedeiras e benzedeiros.

Mas, e se bater à sua porta uma mãe com um bebê com muita dor e febre durante a noite? É óbvio que você atenderá e nada de ruim ou de desconfortante irá lhe acontecer.

Para toda regra existem exceções, sempre!

Por que em alguns benzimentos deveríamos manter nossos olhos fechados?

Crianças desde muito novinhas já eram levadas em benzedeiras e algumas ferramentas do benzer poderiam causar medo nas crianças. Benzimentos com facas, tesouras, brasas ou velas, por vezes poderiam assustar...

desse modo, perpetuou-se um mito de que a doença não seria curada caso a criança abrisse seus olhinhos.

O benzimento pode ser feito na quaresma?

Devemos lembrar que a quaresma é uma celebração das igrejas cristãs e as benzedeiras de origem em sua grande maioria eram espiritualistas. Algumas resguardavam os quarenta dias em respeito à comunidade cristã, embora outras utilizavam a quaresma para benzimentos específicos de acordo com suas culturas e tradições.

A moeda de troca

Confiante em Deus e no meu
Santo Anjo da Guarda,
a ele me dirijo, suplicando-lhe
que vele por mim
nesta passagem de minha alma
pelo exílio da Terra.
Meu Santo Anjo da Guarda,
modelo de pureza e de amor a Deus,
sede atento ao pedido que vos faço.
Velai por mim, abri-me os olhos,
dai-me prudência, livrai-me dos
males físicos e morais,
das doenças e dos vícios,
das más companhias, dos perigos,
e nos momentos de aflição,
nas ocasiões perigosas,
sede meu guia, meu protetor
e minha guarda.
Meu Santo anjo da guarda, protegei-me.

Oração diária ao anjo da guarda.

As trocas sempre existiram! Repito: SEMPRE! Ao longo desses anos com minha jornada nos benzimentos este foi o assunto mais debatido nos encontros. Existe o mito de que benzimento não se cobra, de que benzimento é um dom e deve ser usado por caridade.

Vamos entender para desmistificar. Desde a origem dos povos as trocas entre serviços, produtos, produtores e consumidores sempre existiram. O que altera para os dias de hoje é o tipo de moeda, que em tempos passados eram tecidos, animais, pedras, farináceos, tambos de leite e sal. Cada uma dessas moedas tinha um valor alto, pegando o sal como exemplo, que era utilizado para preservar as carnes, valendo mais que ouro. Hoje, nossa moeda de troca, nossa moeda circulante é o real.

A palavra "cobrança" é o que gera muito desconforto. Em outros tempos, o servir espiritual era muito valorizado. O servir de uma benzedeira era visto como "uma partícula da salvação", dessa forma, as pessoas faziam questão de dar o que tinham para trocar por uma bênção, para presentear quem estava na atuação de curandeiro. Atualmente, quando não "cobramos", possivelmente sairemos de mãos abanando e com muito falatório de que "nem foi tão bom assim".

Precisamos alimentar e fortalecer a crença de que estamos em um Universo de infinitas possibilidades e, como filhos do Criador, temos vida em abundância e podemos viver em paz com nossa moeda circulante. Podemos viver em abundância sem sentir culpa. Precisamos compreender que o servir espiritual é uma profissão como qualquer outra. Que assim como alguns nascem com o dom da cura, outros nascem com o dom da arquitetura, da música, da gastronomia, da pedagogia, entre outros. Dom é talento, qualidade inata, dádiva, e merece o seu valor.

Benzer é meu trabalho, o Curso de Benzimento é meu trabalho, nele eu trago toda a bagagem da minha ancestralidade, minha herança de erveiras, alquimistas, benzedeiras e parteiras, bem como meus conhecimentos dentro da minha formação acadêmica (biologia e biopatologia), meus conhecimentos em terapias integrativas e espiritualidade. Atendo inúmeras pessoas em minha jornada e isso requer amor, tempo e dedicação. Ledo engano daqueles que acreditam que o trabalho espiritual não deve ser remunerado, pois há um desgaste energético, uma demanda de tempo, de aprimoramento, de manutenção da saúde física e emocional para lidar com inúmeras pessoas.

Por inúmeras gerações estamos repetindo crenças que limitam o nosso olhar para a prosperidade e o ganho financeiro. Muitos anos ouvindo que "dinheiro é sujo" nos faz, hoje, olharmos com muita culpa todo e qualquer valor que recebemos. A Era é de Ouro e nós precisamos urgentemente mudar ou seguiremos mergulhados na energia da escassez.

É preciso dar valor para não perder, ao invés de perder para dar valor.

O rito de benzer

Ó Maria Santíssima,
por uma escolha gratuita do Pai,
fostes agraciada com a Maternidade
Divina, no tempo da gravidez e do parto.
Vós que também fostes mãe,
olhai para mim,
pois estou apreensiva com
o momento do parto e me sinto insegura
em relação ao que poderá acontecer.
Que eu tenha um parto feliz.
Agora, ó Mãe, me sinto mais
calma e tranquila,
porque já percebo a vossa proteção
e desde já vos confio este novo ser.
Nossa Senhora do Bom Parto,
rogai por mim!
Amém!

Oração para o parto.

Desde tenra idade crescemos e amadurecemos ouvindo nossos pais e avós ensinando-nos e estimulando-nos com pequenas rotinas. Nosso inconsciente precisa de programações para compreender através do espelho e repetição.

Exemplo: a mãe fala para o filho bebê que existe comida no refrigerador, aos poucos essa mãe vai mostrando como chegar até o refrigerador, como abri-lo, como pegar a comida. O filho cresce e logo antes mesmo da fome bater, a criança já caminha até o refrigerador e pega o que tem vontade.

Este exemplo é para lhes explicar sobre o "rito de benzer". Precisamos de um rito, de uma forma do nosso inconsciente assimilar a cura sempre que a doença insistir em aparecer.

Já ouviram alguns relatos de que a pessoa foi na benzedeira curar tal doença umas duas ou três vezes e depois não precisou mais? É aqui que entra o rito de benzer: um treinamento de cura que precisamos assimilar, aprender e entender.

Cada cultura tem seu rito particular. Dividirei com vocês um dos ritos mais utilizados, que é o rito das quatro partes:

- o rezo;
- o sinal da cruz;
- o número;
- a ferramenta.

Cada uma das partes será explicada para vocês, lembrando que o benzimento é composto pelas quatro em conjunto, mas que você é livre para alterar, complementar, "sentir" o seu próprio método, sua técnica ou perpetuar o rito de seus ancestrais.

O rezo

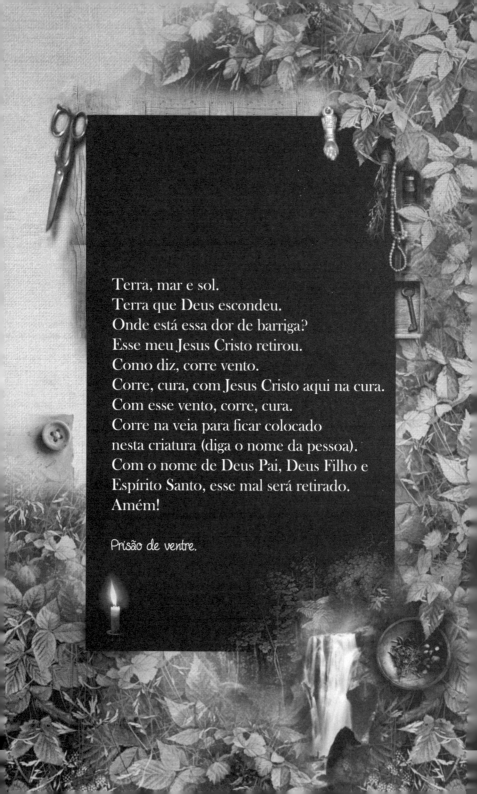

Terra, mar e sol.
Terra que Deus escondeu.
Onde está essa dor de barriga?
Esse meu Jesus Cristo retirou.
Como diz, corre vento.
Corre, cura, com Jesus Cristo aqui na cura.
Com esse vento, corre, cura.
Corre na veia para ficar colocado
nesta criatura (diga o nome da pessoa).
Com o nome de Deus Pai, Deus Filho e
Espírito Santo, esse mal será retirado.
Amém!

Prisão de ventre.

Já tivemos um capítulo falando sobre rezar, não é mesmo? Rezo é algo íntimo, único, singular. Não importa se você vai cantar o ponto da Oxum, vai entoar um mantra, vai rezar uma Ave Maria. O que importa é que saia do seu coração.

Vou aproveitar esse momento e propor uma atividade. Vamos eternizar um rezo nesse livro? Um manuscrito como nossos ancestrais faziam.

Com toda certeza ao chegar nesse ponto do livro muitas lembranças de seus antepassados já visitaram sua mente, sua alma e seu coração. Pode ser que tenham vindo algumas orações, intenções ou até mesmo palavras soltas sobre fé, esperança, amor, bondade e cura.

Vou lhe guiar para a construção de uma simples oração, um rezo, um cântico ou um poema, para que fique neste livro como uma lembrança desse momento e para que sempre que você precisar de um afago, de um colo, de

um abraço... você volte para ler o tanto de amor que cabe em seu peito. Vamos lá?

    Sente em uma posição confortável, respire profundamente por três vezes, silencie e deixe que sua mente lhe traga as palavras, frases, lembranças que irão lhe ajudar na composição.

O sinal da cruz

Om Gam Ganapataye Namaha
Om Gam Ganapataye Namaha
Om Gam Ganapataye Namaha
Om Gam Ganapataye Namaha
Om Gam Ganapataye Namaha
Om Gam Ganapataye Namaha
Om Gam Ganapataye Namaha

Mantra é uma saudação invocando Ganapati, um dos nomes do Deus Ganesha, para remover todo tipo de obstáculo, seja emocional, material ou espiritual.

Em qualquer lugar do mundo, se você gesticular o sinal da cruz alguém irá identificar como um gesto religioso ou espiritual. Ao iniciar o benzimento com o sinal da cruz, a mente do benzido o conduzirá à infância, a tempos remotos, tal como ainda acontece conosco, não é mesmo?

Se fechar os olhos ainda consigo visualizar uma caminhada pela cidade, em um bairro simples e singelo. Ao passar pela casa de uma benzedeira, avisto pela fresta da janela o benzido sentado na cadeira, recebendo em sua testa o sinal da cruz, feito com muita fé pelas mãos da benzedeira, e logo começava o ato de benzer.

Existem inúmeros gestos, símbolos e manifestações das mais diferentes e elevadas frequências, o choku-rei da prática milenar do Reiki é um deles. Porém, peço aqui que você leve em consideração que nem todos têm o conhecimento de tais ensinamentos e o uso do sinal da

cruz no benzimento faz-se necessário para que o benzido consiga facilmente abster-se de cenários externos e pensamentos desconectados com o momento da prática.

O número

Bendita Santa Apolônia, que por tua virgindade e martírio mereceste do Senhor ser instituída advogada contra a dor de gengivas e dentes, te suplicamos, intercedas com o Deus das misericórdias para que esta criatura (diga o nome do doente) fique completamente curada. Amém!

Oração para curar dor de dente.

Sabe aquele número que está sempre aparecendo para nós no dia-a-dia? E se alguém lhe perguntar sobre seu número de sorte, o que você irá dizer? Já se pegou escolhendo a numeração do seu telefone combinando um número que lhe atrai?

Se você respondeu SIM para as questões acima, estamos chegando perto! Se você respondeu NÃO, logo algum número surgirá em sonho ou pensamento para você... sem pressa!

Toda benzedeira tinha o "seu número" e era utilizado dentro do rito de benzer nas seguintes situações:

- número de repetições do rezo; exemplo: rezar cinco vezes o Pai Nosso;

- número de gestos do sinal da cruz;

- número de vezes em que a pessoa deve ir ao atendimento para receber o benzimento.

Então, se seu número for três (esse é meu número também), como ficará o rito de benzer:
- falarei o rezo por três vezes;
- gesticularei o sinal da cruz três vezes;
- o benzido virá até minha casa três vezes.

As ferramentas de benzer

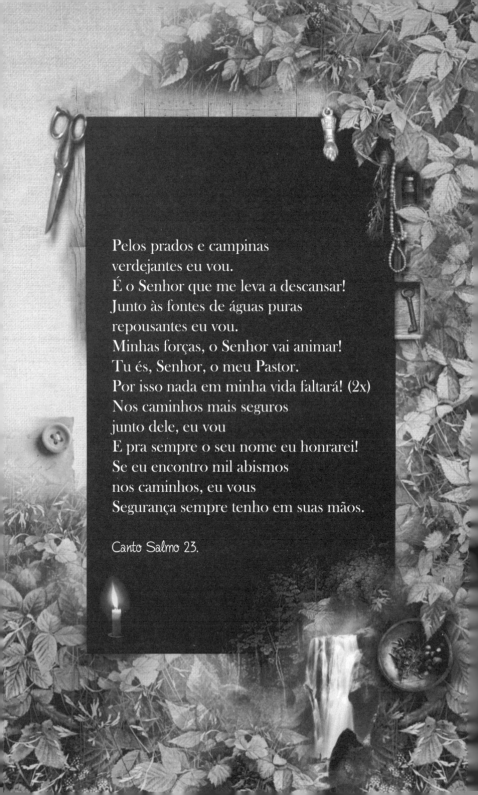

Pelos prados e campinas
verdejantes eu vou.
É o Senhor que me leva a descansar!
Junto às fontes de águas puras
repousantes eu vou.
Minhas forças, o Senhor vai animar!
Tu és, Senhor, o meu Pastor.
Por isso nada em minha vida faltará! (2x)
Nos caminhos mais seguros
junto dele, eu vou
E pra sempre o seu nome eu honrarei!
Se eu encontro mil abismos
nos caminhos, eu vous
Segurança sempre tenho em suas mãos.

Canto Salmo 23.

Algodão: molhar um chumaço de algodão em água, passar na área a ser benzida (fazendo o sinal da cruz no seu número de vezes) e jogar em uma parede.

O que benzer: feridas abertas ou expostas, sapinho, aftas.

Tesoura: fazer simulação de corte com a tesoura em sinal da cruz (no seu número de vezes) na região a ser benzida.

O que benzer: doenças cíclicas, rinite, sinusite, otite, cistite, amigdalite.

Faca: encostar a faca em sinal da cruz na região a ser benzida, após passar a ponta da faca na chama de uma vela ou no fogo do fogão, dessa forma, transmutando a doença que ficou afixada na ponta da faca.

O que benzer: doenças e traumas em regiões específicas, como cólicas, nódulos, cálculos, traumas.

Lembram de quando a vovó benzia nossos galos na testa?

Grãos: o mais utilizado era o grão de feijão. Passar o grão na região a ser benzida, fazendo o sinal da cruz. Jogar o grão para trás de você, em um lugar que tenha terra para germinar.

O que benzer: sinais pelo corpo, verrugas.

Dizia-se: "quando o grão germina, a verruga cai por terra".

Anel: esfregar o anel em uma parte de sua própria roupa até que o anel aqueça e passar o anel em sinal da cruz na região a ser benzida.

O que benzer: bolhas, terçol, cisco nos olhos.

Barbante: dar voltas com barbante em torno da região travada, colocar na intenção que "tudo que está amarrado deverá desamarrar" e cortar com a tesoura.

O que benzer: doenças nas articulações, artrite, artrose, tendinite, bursite.

Outro benzimento com barbante é utilizado para vermes. Cortando vários pedacinhos de barbante em um copo com água, faz-se o sinal da cruz acima do copo e observa-se como ficarão os tocos de barbante: se a maioria estiver "de pé"´, o benzido tem vermes, mas se a maioria estiver "deitado", o benzido não tem. Caso tenha vermes, remova os tocos de barbante e dê a água para o benzido beber.

Tecido: alinhavar um pequeno pedacinho de tecido atrás da pessoa (o benzido não pode enxergar esse alinhavo sendo feito), após o feitio doar o pedacinho alinhavado para o benzido, que deverá guardar até a dor passar.

O que benzer: doenças que entrevam, inflamação do nervo ciático, lombalgia, torcicolo, hérnia de disco.

Copo: utilizar um copo de vidro com água pela metade, repousar o copo na coroa (topo da cabeça) do benzido, fazer movimentos circulares e observe, aguarde até o momento em que a água manifesta que o procedimento pode cessar (borbulha, esquenta).

O que benzer: dores de cabeça, vícios, compulsões, tonturas e todo e qualquer processo da região da cabeça.

Brasa: segurar a brasa com a tesoura, mover a brasa ao redor do benzido fazendo uma defumação. Em alguns movimentos faça o sinal da cruz. A defumação dura enquanto seu rezo/cantiga/mantras durar e ao final você coloca a brasa em um copo com água. Se a brasa afundar e voltar, o benzimento está purificado, mas se a brasa afundar e ficar, o benzimento deverá ser repetido no mesmo momento.

O que benzer: doenças do mal falado, inveja, perturbação, desconforto, cargas densas, negatividade, quebranto.

Caneta: fazer círculos com a caneta e sinal da cruz com as mãos na região afetada, pedindo que tudo tenha "o seu limite".

O que benzer: doenças que se alastram, cobreiro, "mijada de aranha", herpes, bicho geográfico, impinge, impetigo.

Vela: uma vela pode ser utilizada para passar por todo o benzido, pedindo que qualquer carga negativa seja quebrada. Ao final, quebre a vela e toda a carga negativa será quebrada também. É um benzimento simples, porém eficaz. Muito válido para pessoas que estejam acamadas.

O que benzer: cargas densas, mal-estar, desconforto, quebrante, inveja, negatividade, perturbação.

Galho de ervas: as benzedeiras acreditavam que todo e qualquer galho de ervas carregava o poder do benzer, o poder de retirar das pessoas todo mal que estava afligindo.

Diziam que qualquer galho transportava de volta para a natureza tomar conta e transmutar todas as cargas e doenças removidas das pessoas e também protegia as mãos das benzedeiras enquanto elas estavam benzendo.

Criou-se um arquétipo da benzedeira com um raminho de arruda em mãos, porém elas utilizavam qualquer raminho que estivesse por perto... aquele raminho do quintal da casa ou o que mais crescia na horta.

A arruda tem, sim, o poder de afastar maus espíritos. Desde a Grécia antiga tem contos em que a arruda era utilizada para afastar doenças contagiosas. Os africanos utilizavam contra o mau-olhado e a inveja, colocando um galhinho de arruda por cima da orelha.

Mas o que as benzedeiras queriam nos ensinar é que na ausência da arruda, qualquer galhinho é um presente de Deus para nos curar. Para qualquer mal, até um raminho de salsa há de salvar.

As mãos do benzedor

Eu vi mamãe Oxum na cachoeira
Sentada na beira do rio
Colhendo lírio lirulê
Colhendo lírio lirulá
Colhendo lírio pra enfeitar o seu congá
Colhendo lírio lirulê
Colhendo lírio lirulá
Colhendo lírio pra enfeitar o seu congá.

Ponto de Oxum.

As mãos são a principal ferramenta de quem benze. A cura através da imposição de mãos é uma prática milenar de cura, identificada em diversos povos ao redor do mundo. Quem não recorda que Jesus imponha suas mãos para abençoar? Sim, Jesus era um benzedor!

Faz-se extremamente necessário o cuidado com nossas mãos, que pode ser feito pela conexão com ervas, cuidando de hortas, banho de cristais e principalmente o ato de "estender a mão a quem precisa".

As mãos do benzedor são mornas, quentinhas, vibram na frequência do amor e da cura. Antes de seus atendimentos busque purificar suas mãos, pois os tempos modernos afastaram muitos de nós de ambientes em que nossas ancestrais habitavam: nossas avós cuidavam dos animais, do plantio, de todo alimento da casa, dos tecidos para nossas vestimentas.

 Jacqueline Naylah

Atualmente muitos habitam ambientes turbulentos, estamos imersos na tecnologia, vivendo afundados em megalópoles de puro asfalto. Um simples borrifador com ervas ou um ramo de ervas fresquinhas para passar nas mãos pode auxiliar na purificação.

Mãos que amparam uma mulher parindo,
Mãos que acolhem um bebê nascendo,
Mãos que plantam, colhem e preparam o alimento,
Mãos que, ao serem estendidas, ajudam o próximo,
Mãos que seguram a lágrima no rosto de alguém,
Mãos que apontam a lua, o sol, o céu, as estrelas,
Mãos que sustentam o rosário,
Mãos que gesticulam o sinal do cruz,
Mãos que curam, mãos que benzem; que são o canal de amor e luz, unindo cada um de nós ao sagrado... benditas sejam essas mãos!

Benzedores
do Plano
Astral

Oṃ Maṇi Padme Hūṃ
Oṃ Maṇi Padme Hūṃ
Oṃ Maṇi Padme Hūṃ
Oṃ Maṇi Padme Hūṃ
Oṃ Maṇi Padme Hūṃ
Oṃ Maṇi Padme Hūṃ
Oṃ Maṇi Padme Hūṃ
Oṃ Maṇi Padme Hūṃ
Oṃ Maṇi Padme Hūṃ

Mantra de seis sílabas do Bodisatva da compaixão: Avalokiteshvara.

As benzedeiras e benzedores são acompanhados por algum espírito ou entidade? O plano é espiritual. Nós somos meras carcaças cumprindo uma vida de experiências, crescimento, treinamento, estudo e consciência. E diferente do que muitos acreditam, que o plano espiritual é algo distante (desde a infância somos levados a imaginar Deus sempre no céu, como alguém sem vida), os espíritos estão em um "cenário" paralelo, auxiliando-nos a compreender a vida terrena – estão ao nosso lado, estamos cercados por eles. Por vezes, o entendimento sobre a espiritualidade pode parecer complexo para algumas pessoas, pois é um desafio acreditarmos naquilo que não vemos, mas minha dica é que você reflita sobre o vento, também não podemos ver, mas sempre podemos sentir! Muitos desses espíritos também estão cumprindo seus treinamentos e muitos nos escolhem para que juntos possamos cumprir uma única tarefa em união. Dá-se, então, a manifestação mediúnica de diferentes formas: incorporação, psicografia, transporte, materialização, intuição, clarividência, clariaudiência, leitura de oráculos, quiromancia, entre outros. Certamente, mais adiante, terá outro livro com esta parte explicada com mais detalhes.

A seguir, vou deixar com muito carinho um pouquinho de uma entidade que me acompanha nos benzimentos por meio da clariaudiência.

Zola: ela é um pouco de mim e eu sou um tanto dela

Defuma com as ervas da Jurema
Defuma com arruda e guiné
Defuma com as ervas da Jurema
Defuma com arruda e guiné
Alecrim, benjoim e alfazema
vamos defumar filhos de fé
Defumei, defumei
Em nome de Oxalá
Que todo mal que aqui estiver
Parta para as ondas do mar.

Ponto de Jurema – para defumação.

É uma preta, velhinha, estatura mediana, magrinha, anda curvada, de vida teve uns 80 anos, de morte já faz quase 600. Vida, morte... eita passagens estranhas... Zola ainda está viva, creio eu que nunca morreu.

Zola nasceu e morreu no Congo, é de uma linhagem puramente africana, chamada Maleh. A linhagem Maleh tem três líderes no Brasil: Carlos Alexandre (Xandão), que é um grande amigo nosso, do Gilberto e meu. Xandão foi o primeiro a pertencer à linha de Maleh. Ainda bem jovem passou a incorporar um preto velho chamado Zaleh, nascido em Madagascar, morreu na embarcação de escravos na vinda para o Brasil.

Xandão e Gilberto tornaram-se amigos há aproximadamente 30 anos, frequentaram as mesmas casas afro-religiosas atuando como médiuns. Em uma data especial, Zaleh trouxe ao Gilberto o grande presente de trabalhar com Burachè, pois Zaleh e Burachè foram amigos em vida, na África.

Os anos passaram, conheci Burachè, conheci Zaleh, conheci toda a história de vida de cada um deles na África e, sentada no toco, recebi de presente de Zaleh a oportunidade de ser o "cavalo/aparelho" (médium) da Zola, uma das mulheres de Zaleh na África. Além desse presente, também fui coroada como yalorixá, sacerdotisa da linha de Maleh.

Zola fala doce, mas firme, como toda mãe que quer ensinar seu filho. Carrega em cada palavra a profundeza de quem amou e de quem sofreu.

Naquele tempo, chegar aos 80 anos era sinal de ter visto todos os seus filhos morrerem na luta, todo seu povo sumir nas batalhas, enfraquecer de tanta fome, fortalecer de tanta raiva, morrer tantas vezes por amor à sua terra. Ser um Preto e ser um Velho é bater o pé e levantar a poeira da alma, sangrar os pés na fuga pela sobrevivência, é ficar cego, pois daí por diante só se vê com o coração.

A nega Zola cura com toda sua sabedoria de mãe, de grande mãe. Um dia você sentará na frente dela com um pedaço de papel com escrituras sobre seus problemas. Você pedirá: Zola, por favor, me ajuda.

Ela vai pegar esse papel nas mãos, vai dobrar e responder: Isso já não existe mais. A Zola quer assim... Provavelmente ela irá lhe devolver o seu papel dobrado, vai pedir que você guarde em uma gaveta e esqueça! O problema que estava escrito no pedaço de papel, ela vai

tomar conta de resolver. Zola era cega. Para ela, o que está escrito no pedaço de papel não importa... importante é o peso e a preocupação que ela irá tirar de sua alma, escrevendo nas linhas do seu destino uma história mais leve e mais feliz para você poder voltar e contar!

E assim é. Você não verá Zola, ela não verá você, mas daí por diante só se vê com o coração.

Benzimento feito à
distância

Manglimos Katar e Santa Sara Kali
Tu Ke San Pervo Icana Romli Anelumia
Tu Ke Biladiato Le Gajie Anassogodi Guindiças
Tu Ke daradiato Le Gajie,
Tai Chudiato Anemaria Thie Meres Bi Paiesco
Tai Bocotar Janes So Si e Dar, E Bock,
Thai O Duck Ano Ilô Thiena Mekes
Murre Dusmaia Thie Açal Manda
Thai Thie Bilavelma Thie Aves Murri Dukata Angral O Dhiel Thie Dhiesma Bar, Sastimôs
Thai Thie Blagois Murrô Traio Thie Diel O Dhiel

Oração à Santa Sara Kali - padroeira do ciganos.

Deus está em tudo, Deus é o todo. O benzimento pode ser feito à distância, sim. Deus reconhece o benzido onde quer que esteja (a energia transpõe os limites de espaço-tempo). O que é necessário é que alguém consiga criar na mente uma lembrança sobre o benzido, através de uma fotografia, uma peça de roupa, uma palavra ao telefone, uma carta.

O benzimento à distância pode ser feito com qualquer uma das técnicas passadas por aqui.

E caso a pessoa não acredite no benzimento?

Também pode ser feito. Talvez não surtirá o mesmo efeito, mas a irradiação da arte de benzer poderá trazer clareza e consciência e fazer com que o não crente busque por algo a lhe ajudar em algum momento.

E caso a pessoa não aceite?

Não faça! Respeite! Não é não.

Presente da casa do
benzedor

Vou de encontro ao meu sucesso e, para mim, não existe caminho fechado. Sempre que eu pensar, necessitar e quiser ter prosperidade, eu não preciso pedir, pois já tenho tudo em minhas mãos. Obrigada, Nosso Senhor do Bonfim. Obrigada!

Decreto para abertura de caminhos.

Presentear e ser presenteado é uma troca feliz, carinhosa e amável. Quem não gosta? É uma tradição de muitas benzedeiras e que eu adoro praticar. São presentinhos simples, mas enchem os olhos e o coração de quem passa por mim. Quem recebe guarda com tanto carinho e sempre que precisa de um alento para alma tem lá na gaveta ou na bolsa um tantinho de mim, uma forma de reconexão com o momento que esteve no atendimento.

Vou passar algumas dicas de presentes:

- Saquinho com ervas para banho (opções de ervas: arruda, alfazema, alecrim, poejo, hortelã, camomila, guiné, manjericão).

- Saquinho com pequenos cristais para enfeitar a casa, para o banho ou para carregar na bolsa (opções de cristais: quartzo rosa, citrino, esmeralda, quartzo branco).

- Garrafinha com água benta (você poderá também pedir que o benzido leve uma garrafa e você preenche com a água benta).

- Vela besuntada (passar no corpo de uma vela canela para a prosperidade e o benzido poderá acender a vela para atrair fartura em sua casa).

- Patuá com sementes – pedaço de tecido costurado com sementes (opções de sementes: girassol, mostarda, alpiste).

- Potinho com sal negro (sal grosso com carvão desmanchado, servirá como filtro de cargas densas. O benzido poderá colocar atrás da porta de entrada).

- Escalda-pés (saquinho com um cristal e uma erva ou pétalas de rosa, junto você coloca um bilhetinho carinhoso falando sobre a importância de cuidar dos nossos pés).

- Chá da Paz – para infusão (opções de chás: camomila, erva doce, laranja doce).

Como manter a energia de quem benze purificada

Ó glorioso São Brás,
que restituístes com uma breve
oração a perfeita saúde a um menino
que, por uma espinha de peixe
atravessada na garganta, estava a soltar
o último suspiro, obtendo a nós todos
a graça de experimentar a eficácia do
vosso patrocínio em todos os males da
garganta. E vós, que com vosso martírio
deixastes a nós um ilustre testemunho
de fé, impetrai-nos a graça de conservar
este dom divino e defender, com
respeito humano, com palavras e obras,
a verdade desta mesma fé tão combatida
e denegrida nos nossos dias.
Assim seja!

Oração para os males da garganta.

Você possivelmente irá receber muitas pessoas em seu espaço de atendimentos ou em sua casa. Pessoas com doenças, com feridas no corpo e na alma. Carregadas, angustiadas, aflitas.

Todo tipo de energia irá passar por você. O que você pode fazer para se manter purificado?

Todo e qualquer benzimento também é autoaplicável. Você pode e deve se autobenzer.

Ao final do dia não esqueça de colocar para o lado de fora do espaço ou da casa todo o material descartado dos benzimentos (brasas, velas, papéis, barbantes), de devolver para a natureza os galhos do benzimento, de fazer seu rezo, mantra, cântico ou oração para você, como um momento de gratidão pela oportunidade e pelo dia vivido.

Vamos ver mais algumas dicas para proteção do ambiente:

Filtro para cargas densas: coloque atrás da porta de entrada um filtro feito com um copo de água, carvão e sal grosso. Substitua sempre quando o carvão tocar o fundo do copo.

Vassoura de doenças: confeccione uma vassoura (pode ser pequenina) com galhos secos ou palhas e pendure do lado de dentro da porta de entrada.

Anil Precioso: prepare um líquido de limpeza com água e pedra de anil (siga as instruções da embalagem para as medidas), utilize em borrifadores e também para limpeza do chão da casa.

Defumação: defumar seu espaço ou sua casa frequentemente irá tornar o ambiente sempre purificado e energizado. Não esqueça também de acender incensos, que, além de carregarem as cargas densas com a fumaça, também garantem aromas inebriantes no ambiente. Algumas pessoas não gostam do aroma de carvão dos incensos, então é possível optar por incensos confeccionados com outras matérias-primas e também com óleos essencias.

Organização: um ambiente saudável é um ambiente organizado. Remova das gavetas e armários papéis, caixas, panfletos, coisas quebradas e antigas, objetos obsoletos. Não usa mais? Lixo ou doação! Desapegue e dê espaço ao novo chegar.

Perpetuando o
benzimento

Santa Bárbara acordou, vestiu-se,
calçou-se e saiu com Jesus que lhe
perguntou: aonde vai, Bárbara?
Bárbara respondeu: eu vou combater o
raio, o relâmpago, os trovões e os chuviscos.
Jesus disse: vá, Bárbara, combata
o coração de (fulano) para (fulano).
Bárbara perguntou: com o quê?
Jesus respondeu: com os seus poderes
e com os poderes das três pessoas
da Santíssima Trindade,
com os poderes dos astros e da água,
e traga (fulano) cordeiro manso e preso,
debaixo do meu pé esquerdo.
Assim seja!

Oração à Santa Bárbara para o amor.

Pode ter sido uma grande loucura de minha parte ter iniciado essa jornada na arte dos benzimentos. Confesso que por inúmeras vezes pensei em desistir.

Foram muitos ataques (e ainda recebo diversos), muitas críticas, julgamentos, muito discurso de ódio.

Chegamos em uma Era onde mesmo desconhecendo o histórico de vida e a conduta do outro, a primeira atitude sempre é "ver o circo pegar fogo". Estamos em bolhas digitais, em que os vínculos são voláteis e o tempo corre aceleradamente... uma palavra mal interpretada pode ser corrosiva.

Aparecer nas redes sociais e na mídia com meu rosto estampando uma chamada de um curso que "ensina a benzer" soou como um deboche, como se uma jovem sem qualquer habilidade ou conhecimento quisesse ganhar dinheiro ensinando "o padre a rezar missa".

Deus e o Universo são imensamente sábios em tudo e eu sempre acreditei na força da verdade e da justiça. Sendo assim, eu segui, pois transmitir tudo o que eu sabia estava transformando a vida de muitas pessoas e curando a minha própria vida – maior prova de que Deus estava ciente e concordando com toda essa minha loucura.

A verdade é que imaginamos toda benzedeira como uma senhorinha, de cabelos branquinhos, com a coluna curvada, um raminho de arruda nas mãos e a oração que foi recebida de suas ancestrais. Mas estou aqui para dizer que todos nós – benzedeiros e benzedeiras – começamos a benzer ainda jovens, nos vestimos do jeito que gostamos. Nosso conhecimento vem do nosso despertar de tudo que nossos ancestrais nos deixaram e também de todos os livros empilhados em nossas cabeceiras.

Eu estou aqui para dizer que os tempos são outros, que eu cultuo com muito amor tudo que meus ancestrais construíram, toda a esperança deles que habita em meu DNA e todo espírito que sopra os saberes em meus ouvidos.

Eu estou aqui porque talvez se eu não tivesse batido no peito e gritado aos quatro ventos essa intensa jornada de benzer, em pouco tempo o benzimento seria uma prática extinta, esquecida, e eu não teria a oportunidade de vivenciar o que estou vivenciando neste momento: quantas pessoas voltando a falar sobre benzimento? Quantos seminários, encontros? Quantos netos e netas passando finais de tarde com seus avós, rebuscando orações, ferramentas, manuscritos, contando histórias?

Eu estou aqui porque meu filho de apenas três anos recebe as pessoas em nossa casa com um galhinho e uma vela na mão, prática que ele irá carregar por toda a vida.

Eu estou aqui porque eu peregrinei o país de sul a norte, segurei nas mãos de todos os alunos que passaram por mim e em cada um deles eu senti uma profunda saudade e uma imensa vontade de seguir com o legado de seus antepassados, muitos já não mais presentes conosco fisicamente.

Eu estou aqui porque decidi perpetuar uma arte milenar. Eu encasquetei que lá no futuro as pessoas ainda possam visitar casa de benzedeiras, ainda sintam o cheirinho de brasa pelo ar, o toque quentinho das mãos curandeiras, a xícara de chá para acalentar as feridas e as dores da alma. Na minha intensa jornada eu criei um bordão: "vivam as benzedeiras, nas minhas mãos elas nunca morrerão."

E assim é... quando curamos nossos antepassados, uma parte de nós também é curada.

Benzimento da Nova Era

Santo Anjo do Senhor,
meu zeloso guardador,
se a ti me confiou a piedade divina,
sempre me rege, me guarda,
me governa, me ilumina.
Amém.

*Oração do anjo da guarda
primeira oração aos nossos filhos.*

Reiki, terapia floral, aromaterapia, cromoterapia, radiestesia, radiônica, geobiologia, fitoterapia, naturologia, biodança, cura prânica, leitura akáshica etc. Hoje contamos com uma gama enorme de possibilidades dentro do cuidado integral. E isso é maravilhoso! Evoluímos, crescemos, transcendemos.

Se você escolheu uma das terapias acima como formação, saiba que dentro de você habita um benzedeiro ou uma benzedeira. Dentro de você mora a alma de alguém que também buscou compreender os mecanismos da doença e da cura, que buscou observar o comportamento humano, buscou estabelecer uma conexão com a fonte do Criador e com as forças da natureza, que buscou entender um propósito de vida e de missão através de suas ferramentas sobre o autoconhecimento.

Quando você pensar em desistir, lembre-se de que lá no passado eles também pensaram e resistiram!

Quando alguém julgar ou criticar você, lembre-se que quem critica e julga também precisa de alguma forma ser curado!

Quando você achar que não tem força o suficiente, lembre-se e agarre-se em suas raízes, nos milhões de ancestrais vibrando em você!

Quando você não acreditar em seu dom, em seu talento, na história de vida que você está construindo... leia novamente este livro, neste exato ponto em que eu vos digo:

VOCÊ PODE TUDO, SIM!

Concluo este trabalho com honra e reverência a todos que me fizeram chegar até aqui, meus antepassados. Eu vos liberto de todo sentimento de culpa, de não-pertencimento, de fraqueza ou derrota. Eu vos amo por todo amor, força e amparo que depositaram em meu nascimento nessa vida e com muito orgulho eu carrego em minha alma, meu espírito e meu sangue uma parte de cada um de vocês!

Santo Antônio que és de Ouro Fino,
arria a bandeira e
vamos encerrar.

Santo Antônio que és de Ouro Fino,
arria a bandeira e
vamos encerrar.

Com a chave de São Pedro,

vamos concluir nossos trabalhos,
Salve o povo de Aruanda,
São Jorge é o nosso protetor,
Salve o povo de Aruanda,
São Jorge é o nosso defensor.

Para fechar nossos trabalhos,
nós pedimos a proteção
ao Deus pai todo poderoso
e a mãe da Conceição.

Para fechar nossos trabalhos,
nós pedimos a proteção
a Deus pai todo poderoso
e a mãe do coração.

Agradecemos ao Santo Antônio
e a nossa Mãe do Rosário,
com a chave de São Pedro,
estão encerrados nossos trabalhos.